Fidel Castro, "La Historia me Absolverá" y la enseñanza de la Criminalística en Cuba

Dager Aguilar Avilés

I0420477

Dager Aguilar Avilés.
Estados Unidos. 2015

Autor: Dager Aguilar Avilés
Edición y corrección: Dager Aguilar Avilés
Diseño interior y de cubierta: Dager Aguilar Avilés
Editorial Honoris-Europa (Polonia)
CreateSpace Publisher edition sistem.
Diagramación: Dager Aguilar Avilés

Sobre la presente edición:
©Dager Aguilar Avilés, 2015
©Createspace publisher, 2015
Estados Unidos. Con la colaboración de ediciones Honoris Europa
(proy.)
Fidel Castro, "La Historia me Absolverá" y la Enseñanza de la
Criminalística en Cuba
ISBN-13: 978-1519367907
ISBN-10: 1519367902

La publicación de este libro y su divulgación ha sido financiada por el proyecto Erasmus Mundus Action 2 de la Unión Europea.

Del Autor:

Dager Aguilar Avilés: Ciudadano cubano residente en la ciudad de Varsovia, Polonia. Abogado, criminólogo, analista político latinoamericanista, académico y escritor. Ha impartido docencia y ha sido investigador asociado en universidades de Cuba, Italia y Polonia. Ha dirigido varios investigaciones de tesis de diploma y maestría. Ha publicado varios libros en Europa y Estados Unidos, así como numerosos artículos y ensayos en revistas especializadas en ciencias sociales y jurídicas en Europa y América Latina. Ha presentado ponencias en numerosos eventos científicos y recibido varios premios a lo largo de su carrera estudiantil y profesional.

Índice

5

Capítulo I: Golpe de Estado de 1952, La Constitución y la Juventud Universitaria.

1. Cuba antes y después de 1952.

La situación económica, política y social de Cuba en los albores del año 1952 no resulta difícil de imaginar. Plantean aquellos que vivieron este momento o que lo han estudiado a fondo, que el 1ro de enero de ese año amanecía como un sol de fuego, pero lo cierto es que desde mucho antes las llamas de ese fuego ardían sobre la isla de Cuba y cada vez causando estragos mayores. El escenario económico y social se representaba por el dominio de los monopolios norteamericanos, cada vez más, sobre los medios de producción y riquezas de la isla; los bajos salarios y pésimas condiciones de trabajo colmaban la situación precaria de la clase obrera, a la cual le resultaba cada vez más difícil el acceso a los servicios de salud, recreación y niveles de educación.

Con el golpe de Estado de 1952 se inicia otra triste página para el pueblo cubano que solo pudo llevar como título "pobreza, más represión y hambruna" pues la política económica puesta en marcha por Fulgencio Batista incentivaba la situación irregular de los sectores sociales más humildes.

2-Golpe de Estado del 1O de marzo de 1952 y la Juventud Universitaria.

Los sucesos del 1O de marzo no pueden verse como hechos aislados a lo antes expuesto; estos tienen sus raíces dentro del contexto de la política ultrareaccionaria de la "Guerra fría"[1]

---

[1] La política de Guerra Fría tuvo como objetivo fundamental afianzar la denominación del imperialismo mediante la represión violenta del movimiento obrero y comunista internacional, de los movimientos de liberación nacional y, en general, de las fuerzas progresistas que actuaban en los países capitalistas. Con esta ofensiva los imperialistas trataban de contrarrestar las positivas influencias que ejercían sobre todos los pueblos del planeta los avances del

promovida por Estados Unidos después de la Segunda Guerra mundial. Es en este contorno que se desata una oleada de acciones golpistas por toda Latinoamérica desde el año 1948, coincidiendo durante el año 1952, en los meses de marzo y diciembre, golpes de Estado en Cuba y Venezuela respectivamente.

Describen las páginas de la Historia que los habaneros despertaron sorprendidos aquella mañana del lunes 1O de marzo de 1952 bajo el rumor de que Batista había dado un golpe de Estado. Las escuelas suspendieron las clases, los bancos no abrieron sus puertas, en las oficinas públicas se impedía el acceso a los empleados. Los periódicos de la mañana no salieron y las emisoras de radio, el Palacio de los Trabajadores y los locales del Partido Socialista Popular estaban ocupados militarmente.

Una vez divulgada la noticia, el rechazo popular se hizo evidente y la juventud universitaria nunca

---

socialismo triunfante en numerosos países de Europa y Asia.

estuvo al margen de ello. Desde las primeras horas del lunes 10 de marzo de 1952 el ejército estableció un cerco entorno a la Universidad de La Habana y le cortó el suministro de agua. No obstante, los golpistas trataron de evitar choques violentos con los estudiantes, que solo podrían traerle una condena pública aún mayor; en consecuencia, junto a las medidas de fuerza, propusieron negociaciones a la Federación Estudiantil Universitaria (FEU).

Para el día 14 de marzo la FEU hizo pública una declaración donde condenaba el golpe de Estado y llamaba a la "unidad" como palabra de orden. Desde ese año y en los años sucesivos, el estudiantado efectuó numerosos mítines, manifestaciones de calle y actos públicos de diverso tipo contra la tiranía. La histórica escalinata universitaria y sus alrededores fueron escenarios de heroicos enfrentamientos entre los estudiantes y los agentes represivos del régimen.

Fidel Castro, estudiante de Derecho[2], fue de los primeros en declarar su oposición al golpe militar del 1O de marzo. A las pocas horas de producirse el cuartelazo, Fidel Castro hizo público un manifiesto de profundo contenido revolucionario[3] y pocos días después acudió ante el Tribunal de Urgencia de La Habana y presentó una acusación donde mostraba que Batista y sus cómplices habían violado seis artículos del Código de Defensa Social, por lo que pedía se le sentenciase a prisión y exigía a los jueces que cumplieran con su deber. El documento acusatorio entre otras cuestiones expresaba:

....la lógica me dice que si existen tribunales , Batista debe ser castigado, y si Batista no es castigado y sigue como amo del Estado, presidente, primer ministro, Senador, Mayor General, Jefe Civil y Militar, poder Ejecutivo y

---

[2] Fidel Castro nació en Mayarí, provincia de Oriente, el 13 de agosto de 1926 en el seno de una familia acaudalada. Con 19 años, en 1945, ingresó en la Universidad de la Habana donde se destacó como dirigente estudiantil y llegó a ser electo vicepresidente de la FEU. Lector infatigable e identificado con la obra de José Martí y sus aspiraciones de justicia social
[3] Dirección política de las FAR: Ob. cit., pp.65, 66 y 67.

poder Legislativo, dueño de las vidas y hacienda, entonces no existen tribunales, los ha suprimido

Lo cierto es que esta acusación no se llegó a considerar, pues los tribunales solo actuaban conforme a la conveniencia de Batista.

Por su parte la Constitución fue sustituida por los llamados "Estatutos constitucionales" a través de los cuales el régimen tiránico remodeló a su antojo las instituciones del gobierno.

De acuerdo con los Estatutos constitucionales el Poder Ejecutivo quedó encabezado por Batista como Primer Ministro y Jefe de Estado y un Consejo de Ministros designado por él entre sus secuaces. Con respecto al Poder Legislativo, en lugar del Congreso se creó el Consejo Consultivo que permitió satisfacer las turbias aspiraciones de numerosos participantes en la aventura golpista y de los politiqueros burgueses.

La tiranía derogó de inmediato El Código Electoral y suspendió las elecciones convocadas para junio de 1952, eliminó las libertades y derechos democráticos contemplados en la

Constitución, entre ellos, la libertad de expresión y de reunión, los derechos jurídicos; disolvió los partidos políticos de la oposición, suspendió el derecho de huelga y reclamación por parte de los obreros y restableció la pena de muerte con el objetivo de amedentrar al pueblo.

3-Asalto al cuartel "Moncada" y su importancia histórica.

Desde 1950, en Cuba, a pesar del pacifismo quietista y el falso insurreccionalismo practicados por los partidos y organizaciones políticas burguesas, ya estaban presentes las condiciones propicias para la lucha revolucionaria.

En el plano interno hubo un factor subjetivo que aceleró el proceso revolucionario en esta década y fue el surgimiento de "La Generación del Centenario[4]" como nueva fuerza revolucionaria

---

[4] La denominación de generación del Centenario" se debe a que el 26 de julio de 1953, cuando se cumplían cien años del nacimiento del Maestro José Martí, aquellos jóvenes de vanguardia revivieron sus enseñanzas patrióticas y antiimperialistas, al iniciar con el asalto al Cuartel Moncada, la nueva gesta emancipadora de nuestro pueblo.

lidereada por Fidel Castro. Este nuevo grupo se constituyó poco después del golpe militar del 1O de marzo de 1952, cuando comenzó a operarse un acercamiento de los elementos honestos de la masa ortodoxa y, en particular, de su juventud, entorno al joven abogado Fidel Castro, figura que se destacaba por sus manifestaciones radicales en contra de la tiranía. Es precisamente este grupo el que más tarde encabezaría el asalto al cuartel Moncada y Carlos Manuel de Céspedes firmando así una de las páginas más gloriosas de nuestra Historia.

La acción revolucionaria en cuestión se llevó a cabo el 26 de julio de 1953[5] y a pesar de las oleadas represivas del gobierno contra los asaltantes contó con todo el apoyo del pueblo cubano, y en particular, el de Santiago de Cuba. Esta acción terminó con una derrota militar; sin embargo, constituyó la base fundamental del movimiento revolucionario triunfante años más tarde y tuvo una extraordinaria trascendencia para toda la historia ulterior de nuestra patria.

---

[5]*Vid* LE RIVEREND JULIO.: *Historia de Cuba*, tomo 6. Ed. Pueblo y Educación, La Habana, Cuba. 1978

El 26 de julio de 1953, con los combates en Santiago de Cuba y Bayamo, comenzó una nueva fase en las luchas revolucionarias y de liberación nacional del pueblo cubano y quedó trazado el método de la acción armada, como método primordial de lucha.

Capítulo II: Causa 37 y la Vista Oral, un Juicio insólito.

"Como resultado de tantas maquinaciones turbias e ilegales,
por voluntad de los que mandan y debilidad de los que juzgan, héme aquí en este cuartito del Hospital Civil, donde se me ha traído para ser juzgado en sigilo, de modo que no se me oiga, que mi voz se apague y nadie se entere de las cosas que voy a decir"

Fidel Castro Ruz

Fragmento del Alegato de defensa
"La Historia me   Absolverá"

1-Proceso penal contra los asaltantes al cuartel Moncada y papel político-jurídico de las partes que intervinieron.

En la ciencia del Derecho Penal rige el principio general de que ningún crimen debe quedar impune y por tanto a cada delito, previsto en la

16

ley con anterioridad a la acción delictiva, corresponde una pena. Si bien a través del Derecho Penal el Estado prevé cuáles acciones serán constitutivas de delito y por ende punibles, resulta cierto también que solo la configuración de las distintas figuras delictivas en la ley penal sustantiva no resultan suficientes, pues se requiere de un espacio donde se analice esta acción u omisión socialmente peligrosa y antijurídica y se compruebe y valore su correspondencia con el presunto autor, las condiciones del mismo para ser sancionado con una pena y cual es la pena conveniente para el autor del hecho delictivo atendiendo a los fines punitivos del Estado. El ámbito donde se desarrollan estos actos sucesivos de análisis y pruebas que culminan en una sentencia absolutoria o condenatoria al acusado, pronunciada por el órgano jurisdiccional correspondiente, es lo que se conoce en el derecho procesal penal como proceso penal[6].

---

[6] Colectivo de Autores: "Temas para el estudio del Derecho Procesal Penal I". Editorial Félix Varela. la Habana 2002.

Es precisamente en el proceso penal donde el encausado tiene el pleno derecho[7] de exponer todos los motivos y pruebas que conserven su presunto estado de inocencia, aunque este no tiene la carga probatoria precisamente por ser considerado presuntamente como tal[8].

Cuando se habla de partes, a los efectos del Derecho Procesal, se hace alusión a quienes actúan en el proceso solicitando del órgano jurisdiccional una desición judicial; o sea, hacemos referencia al acusado y al Ministerio Público[9].

---

[7] En este sentido en distintos ordenamientos jurídicos se enarbolan los derechos del acusado durante del proceso penal como verdaderas garantías procesales, inclusive de rango constitucional, resultando en ocasiones de gran complejidad definirlos como derechos fundamentales, garantías o principios de manera independiente. Ej.: derecho a la defensa.

[8] Vid: *Presunción de inocencia* en COLECTIVO DE AUTORES: *Temas para el estudio del Derecho Procesal II*. Editorial Félix Varela. La Habana. Cuba. 2002. pag.110

[9] En los delitos perseguibles a instancia privada se considera parte al demandante en la mayoría de las leyes procesales latinoamericanas puesto que esta demanda precede y limita la acción de acusación. en nuestro país también es considerado parte a la víctima o perjudicado, en el proceso penal, encuanto a la jurisdicción militar.

Es así que El Ministerio Público o fiscal, en sentido general, está llamado por el Estado a la defensa de la legalidad y de los valores superiores que dan vida a esa legalidad, no tanto de la letra sino del espíritu de las leyes.

El rol político jurídico del Ministerio Público como parte en el proceso penal no es difícil de deducir. A través de la Historia este papel ha variado muy poco, pero de lo que no cabe dudas es que en todos los tiempos el Ministerio Fiscal ha tenido como objetivos fundamentales:

- Procurar el restablecimiento de la legalidad cuando sea quebrantada por disposiciones o decisiones contrarias a la Constitución y las leyes o por aplicación indebida o incumplimiento de éstas;

- Promover la sanción de quienes atenten contra la independencia y la soberanía del Estado, así como contra los intereses políticos, económicos y sociales de éste;

- proteger a los ciudadanos en el ejercicio legítimo de sus derechos e intereses.

- Juega el rol de actor ante violaciones de los derechos constitucionales y las garantías legalmente establecidas y frente a las infracciones de la legalidad en los actos y disposiciones de organismos del Estado y sus dependencias;

- Comprueba el respeto de las garantías constitucionales y procesales durante la investigación de denuncias y otras informaciones sobre hechos delictivos, vela por la legalidad en la tramitación de los procesos judiciales, de conformidad con las leyes;

- Ejercer en representación del Estado las acciones judiciales que correspondan conforme a la legislación vigente, en función del interés social y participa en las tareas de prevención del delito y en la lucha contra toda manifestación de delincuencia o conductas antisociales, adoptando las medidas necesarias a ese efecto.

Ya en condiciones de analizar el objeto del presente capítulo se impone trasladarnos en el tiempo al año 1953 y analizar el actuar del Ministerio Fiscal en la Vista Oral de la Causa 37 contra los asaltantes al Cuartel Moncada y Carlos Manuel de Céspedes, todo ello bajo la vigencia del ya derogado código de Defensa Social y la Constitución de 194O.

Con el Golpe de Estado de 1952 quedó sin vigencia, por fallo del Tribunal de Garantías Constitucionales y sociales[10], la Constitución de 1940 y entraron en vigor los estatutos. Estos estatutos no eran más que una burla jurídica a la autoridad del pueblo, sus artículos 118, 120.3 y 257 daban la posibilidad al Presidente y Consejo

---

[10] El Tribunal de Garantías Constitucionales y Sociales fue instituido por el artículo 172 de la Constitución del 194O complementado por la ley orgánica No 7 de 31 de mayo de 1949. La Carta Magna de 1940 establecía en su artículo 194 el principio de Supremacía Constitucional y la obligación de este Tribunal de resolver conflictos ajustándose siempre
a este principio. esta obligación fue incumplida al darle prevalencia a los estatutos por encima de la carta magna, vulnerando así, además, el principio de legalidad.

21

de Ministros a elegirse recíprocamente y en conjunto determinar la forma de gobierno y de Estado conveniente, así como reformar el texto Magno en todo un periodo de tan solo 10 minutos.

El Ministerio Fiscal, en nombre del Estado y la sociedad, lejos de obedecer los objetivos y funciones encomendadas por la "Ley de leyes" mantuvo en todo momento una actitud quietista ante las ilegalidades cometidas por la tiranía. El Tribunal de Garantías Constitucionales y Sociales, por su parte, dejó impune a los autores del Golpe de Estado de 1952 y de más de 7O asesinatos denunciados por los prisioneros del Moncada sin realizar investigación alguna.

Durante el acto de juicio Oral contra los asaltantes del Moncada fueron violados por la Fiscalía y el tribunal *ad quo* sagrados principios del Derecho Procesal y de la justicia en general.

En cuanto a los principios del proceso penal resalta a la vista el Principio de *Igualdad* el cual se traduce como el derecho de las partes a no sufrir discriminación alguna en el ámbito del proceso y a tener las mismas posibilidades de alegación, prueba e impugnación. En este proceso es inconcebible hablar de igualdad entre las partes, pues las verdaderas partes son la tiranía golpista defensora de los intereses norteamericanos y la Generación del Centenario, máxime exponente de los intereses genuinos del pueblo y la justicia social en aquel momento. Las diferencias económicas, ideológicas y sociales convierten a este principio en no más que un *desiderátum social.* Tampoco se puede hablar del principio de *Contradicción,* pues para que exista este en toda su plenitud es necesario un presupuesto de igualdad entre la partes.

Encuanto a los principios relativos al objeto del proceso debemos hacer referencia al principio general del Derecho: "Legalidad"[11] el cual quedó totalmente violado desde el mismo 10 de marzo de 1952 con el restablecimiento de un gobierno ilegítimo, la simple aprobación de los estatutos y la impunidad de los golpistas antes las demandas y acusaciones llevada a cabo por Fidel Castro y

---

[11] *Vid* Nota No 1O

los dirigentes de la FEU. De igual manera la Constitución de 1940 había recibido, ahora en el acto del juicio oral, otro cuartelazo, y las instituciones jurídicas y estatales que velaban por la legalidad habían quedado sin autoridad ninguna una vez más. El Ministerio Fiscal y el tribunal en el acto de juicio oral hicieron caso omiso a las denuncias repetidas por los acusados.

Encuanto al principio "Presunción de inocencia",[12] dada su naturaleza compleja y multifacética, se concatena con varios principios del proceso penal y del Derecho Procesal siendo reconocido en ocasiones entre los llamados *megaprincipios.* En el acto de juicio oral de la causa 37 de 1953 este principio fue totalmente vulnerado. Los acusados (especialmente Fidel Castro Ruz) nunca fueron tratados como presuntos inocentes, por el contrario. Basta la relectura del fragmento del alegato de defensa *La Historia me Absolverá*, que además constituye el epílogo del presente capítulo, para entender que nunca se presumieron inocentes a los acusados y nunca

---

[12] *Vid.* Nota No 8

en la postreridad nuestras salas de juzgado conocieron de un juicio tan parcial. Desde el comienzo del proceso ya estaban condenados.

Las pocas pruebas presentadas por la Fiscalía *versus* las profundas pruebas presentadas por la defensa crearían duda sobre el fallo hasta en los más prestigiosos jueces. No pudo la fiscalía presentar una foto del suceso. Los dictámenes periciales evidenciaban las horribles técnicas de tortura y represión hacia los acusados y sospechosos, los argumentos de la acusación carecían de fundamento jurídico y político y en cuanto a las pruebas testificales basta destacar el interrogatorio realizado al Cap. Médico Edmundo Tamayo Silveira.[13] el cual desmintió totalmente a Chaviano; o al teniente coronel Ángel Gonzáles Alfonso que alegó no recordar y ni siquiera haber visto alguno de los acusados matando pacientes.

---

[13] Cáp. Médico Edmundo Tamayo Silveira. Era el director del Hospital donde había dicho Chaviano que los asaltantes mataron a diestra y siniestra, empuñando pavorosos puñales a los enfermos en sus camas y que uno de los pacientes se batió solo con todos los acusados.

Impresionante y contradictorio resultó el informe final del fiscal el cual reconocía el presente juicio como una verdadera muestra de nobleza entre cubanos, destacaba los valores de honradez, sinceridad y valentía de los acusados, la nobleza con que actuaron al asaltar el Moncada y perdonarle la vida a los prisioneros militares y la certeza de que podrían haber llevado a cabo sus propósitos. No obstante, por haber actuado "contra el orden público y la ley" solicitaba una pena imputable de 1 a 20 años en virtud del código de defensa Social. En este caso la violación del principio *in dubio pro reo* se hizo evidente.

La fiscalía y el tribunal, para aquel entonces, tiraron al suelo y pisotearon los más sagrados valores éticos de un operador del Derecho. El papel político jurídico del Ministerio Fiscal y del tribunal que conocía del caso era totalmente inconsecuente con los valores de Equidad, Honestidad, compromiso con la verdad, Humanismo, Responsabilidad decisoria e independencia y Firmeza de criterios que deben caracterizar y justificar el actuar de jueces y fiscales en general.

2- El dictamen pericial criminalístico en el ámbito del Proceso penal contra los asaltantes al cuartel Moncada y papel político-jurídico de los peritos que intervinieron.

Desde hace mucho tiempo el hombre ha utilizado los beneficios del desarrollo científico técnico para la búsqueda de una explicación de todos aquellos fenómenos que nos rodean. En este sentido, y de un modo axiológico, no ha existido escatimación en poner al servicio de la justicia toda esta prosperidad. Es así que se concibe un grupo de especialistas dedicados a la investigación técnico-científica de los vestigios y datos percibidos durante o después de la comisión de una acción delictiva los cuales son denominados por los órganos de justicia como "peritos titulares o profesionales".

El trabajo conclusivo del perito criminalista no constituye solamente un medio de prueba, sino un aporte contundente a la preparación intelectual del juez, quien deberá formarse libremente una convicción sobre la verdad de los hechos objetos del proceso penal y así fundamentar conforme a derecho su fallo condenatorio o absolutorio, según el caso. Es así que el dictamen pericial criminalístico se constituye como uno de los medios de pruebas más idóneo y solicitado por las partes durante un proceso penal. Actualmente soy del criterio de que todo juzgador que realmente pretenda conocer la verdad objetiva de un hecho debe contar de estos beneficios siempre que existan las condiciones para ello.

En el caso que nos ocupa poco se ha escrito sobre la relevancia del peritaje criminalístico en el proceso penal más importante de la historia cubana. Generalmente los que han estudiado y escrito sobre este suceso se han limitado a exponer la relevancia histórica, política y jurídica de forma general.

En la ya mencionada causa 37 del año 1953 se manifestó también la desigualdad entre las partes por la poca objetividad de los medios de prueba y de las imputaciones de la acusación. En mi opinión podría haberse enriquecido más el debate y esclarecido los hechos si se hubiera contado más con la presencia de especialistas criminalistas. Me refiero a ello utilizando el término "más" porque lo que casi nadie conoce es que en el proceso penal seguido contra los asaltantes del cuartel Moncada existieron dictámenes criminalistas los cuales fueron escasos y casi apagados, por un lado, por el tribunal que solamente admitió aquellos a los cuales no quedaba remedio que reconocer y, por otro lado, por los golpistas y jefes militares directos de estos especialistas. Es sobre estos puntos que quisiera hacer algunas reflexiones.

En primer lugar debiéramos acotar que en el proceso penal en cuestión fueron presentados un sinnúmero de testigos de los cuales fueron pocos, por no decir ninguno, los que dieron un testimonio seguro, libre de trabas y que realmente aportara elementos probatorios. Casi todas las respuestas a los interrogatorios fueron formuladas entorno a un "yo no me acuerdo bien" o "yo no lo vi". Hubo otros que ante las preguntas del fiscal solo se limitaban a decir que los hechos que ellos testimoniaban eran porque lo habían oído de un tercero o porque habían oído un rumor[14], pero no existió una seguridad total en los testigos presentados por la acusación. En este sentido, la única solución necesaria para cooperar de manera efectiva con el esclarecimiento de los hechos era la intervención técnica especializada. A pesar de la relevancia de este proceso los objetos de pruebas más contundentes presentados por las partes fueron precisamente los cadáveres de los caídos en aquella ocasión y los rastros de balas y cortes encontrados en los mismos. Los dictámenes de los médicos forenses tan solo se limitaron a describir la situación de los cadáveres cuando fueron encontrados y las causas de sus muertes (casi todas por disparos recibidos). Pero siempre se impuso una interrogante ¿quién disparó?. Una vez más es evidente que en medio de una lluvia de disparos, como ocurrió en los sucesos, solo podría saberse esa verdad por medio de la técnica Criminalística. Pues un buen examen balístico podría identificar los fusiles ocupados en

---

[14] En este sentido se puede citar como ejemplo la interrogante introducida por el fiscal durante la fase de juicio oral sobre si se había utilizado por los acusados algún puñal para asesinar a los pacientes del hospital militar

el lugar del suceso y de los cuales provinieron determinados disparos. [15]

Al respecto algunos historiadores afirman que no interesó al fiscal el dictamen pericial e inclusive hasta la sala acordó dar por terminado los dictámenes periciales quedando cuerpos por examinar y asumiendo como causa de muerte, para todos, los disparos recibidos, lo cual a mi criterio constituye un error metodológico de la sala y de los intervinientes en el proceso. La única explicación que encuentro al respecto es la no conveniencia de los jueces y fiscales de profundizar en los exámenes, pues muchos calibres pudieron ser disparados solo con fusiles de la policía batistiana y al coincidir ser algunas de estas personas muertas figuras como el medico Mario Muñoz se hacía más evidente la inconveniencia de la profundización en la búsqueda de la verdad.

Resulta curioso también que las armas que fueron ocupadas en el lugar del suceso, como

---

[15] en los dictámenes forenses estudiados es fácil percibir algunos en los que los médicos manifiestan haber encontrado calibres en los cuerpos examinados

fueron granadas lanzadas contra el hospital así como cuchillos y fusiles, nunca se les hizo un examen dermatoscópico que ayudara a identificar autores de ambas partes, pues la lógica indicaba que no podían haber sido los asaltantes los lanzadores de granadas así como otros hechos imputados a los mismos. Es por estas razones que casi todos los abogados de la defensa en sus conclusiones definitivas utilizaron también como argumento la falta de fundamento técnico de las imputaciones del fiscal.

Como bien había manifestado anteriormente, en la fase de juicio oral, como en otras del proceso fueron utilizados además peritos criminalistas. Un ejemplo de ello lo constituyen los expertos en balística tenientes Eusebio Barrios y Armando Cruz [16]quienes en su informe afirmaron que, de acuerdo con los impactos de balas u otros artefactos, no se habían utilizado granadas a pesar de que en las armas ocupadas se encontraba una granada igual a las usadas en el ejército. Estos en su informe describieron las

---

[16] estos especialistas en balística fueron dos de los criminalistas que participaron en la inspección en el lugar de los hechos.

armas encontradas como armas apropiadas para luchar a corta distancia y en su mayoría deficientes. En este sentido manifestaron también no haber encontrado indicios de uso de armas de fuego como describiera el fiscal y algunos de los testigos propuestos por esta.

3- Alegato de defensa del acusado Fidel Castro Ruz, trascendencia histórica y político-jurídica para nuestro país.

En el proceso penal la defensa juega un papel complejo y en ocasiones contradictorio. La anterior afirmación se torna más evidente cuando es el acusado quien asume su propia defensa. Por un lado el abogado tiene la misión de defender los intereses del representado y por otro lado debe limitarse a que el proceso fluya sobre la base del respeto a todos los derechos y garantías que la ley reserva para el enjuiciado y es en este sentido que debe proyectar su defensa, aunque en ocasiones contraríe los intereses del encausado. Siguiendo este último criterio es que se dice que la defensa juega en el Proceso penal un papel social. Era también en este sentido que se proyectaba el Código de

Etica[17] de julio de 1948, aprobado por la Asamblea Nacional de Abogados y de igual manera, los Estatutos acordados en marzo de 1949 por la Junta de Gobierno de Abogados de La Habana, los que fueron aprobados por la Sala de Gobierno del Tribunal Supremo en mayo del propio año. Fue bajo estos preceptos jurídicos que los abogados de la defensa de la causa 37 de 1953 seguida contra los asaltantes del cuartel Moncada asumieron sus roles.

En su alegato de autodefensa, Fidel hizo mención a un conjunto de ideas que considero un reflejo de la poca formación ética de los criminalistas de esos tiempos y del poder judicial en su totalidad y un llamado de atención indirecta a la necesidad de un correcto esclarecimiento de los hechos que solo sería posible, como he mencionado anteriormente, por medio de la técnica Criminalística. En este sentido propongo

---

[17] En este cuerpo legal se definieron las actuaciones que eran consideradas como infracciones de la ética profesional se regulaban los principios que debían caracterizar las relaciones entre los abogados y entre estos con los tribunales y los clientes. se establecieron las sanciones que podían imponerse por incumplimiento de la ética profesional y el procedimiento para su determinación.

analizar algunos de estos pasajes mencionados por Fidel.

Las primera de las cuestiones fue introducida por el joven abogado cuando cuestionara literalmente: *¿Por qué no se me llevó al juicio. ¿Por qué se falsificaron certificados médicos. ¿Por qué se violaron todas las leyes de procedimiento.?* En este sentido la Ley de Enjuiciamiento Criminal establecía la obligación de los peritos de informar en el acto de juicio oral bajo juramento bíblico y en lo que respecta a la policía y el juez debían recoger todas las pruebas de convicción y ordenar se aplicara todos los exámenes de cualquier clase que contribuyera al esclarecimiento de los hechos respectivamente.

Más adelante Fidel expresa, en forma de denuncia y protesta :

"quiero hacer constar que a los cadáveres se le registraron los bolsillos buscando hasta el último centavo y se les despojó de las prendas personales, anillos y relojes, que hoy están usando descaradamente los asesinos"

Estos actos evidencian que existió *a posteriori* una inspección al lugar de los hechos y que solo pudieron ser cometidos por la guardia militar y algunos de aquellos peritos que inspeccionaron el lugar en cuestión y a los cadáveres allí encontrados. Esto se corrobora más con la cínica declaración que posteriormente brindara el comandante Rafael Morales Álvarez.

Hubo finalmente durante juicio estudiado una pregunta que realiza el joven abogado Fidel Castro al tribunal que a mi criterio es la que más demanda la necesidad de un peritos en este acto. En este sentido el mismo expresó:

"Señores magistrados: ¿por qué tanto interés en que me calle. **¿Por qué inclusive se suspende todo género de razonamientos para no presentar ningún blanco contra el cual pueda yo dirigir el ataque de mis argumentos. ¿Es que se carece por completo de base jurídica... es que se teme tanto a la verdad.**

No cabe dudas que el término "género de razonamiento" se refiere a tres cuestiones fundamentales, por un lado al debate transparente, por otro, a la conducción imparcial del tribunal y, por último, a la muestra y producción de todos y los verdaderos medios de pruebas de manera que también indirectamente se hizo una exigencia a la presencia de todas las pruebas posibles que permitieran fundamentar las distintas tesis de las partes.

En resumen, en su alegato, Fidel demostró que pueblo es más que raza, más que género y posición y la función del Derecho para con ese pueblo. Lo que el pobre, el campesino, el negro, la mujer, aspiraban: aquella voz lo planteó con valentía y sentimiento y además señaló el camino para conquistarla. De su Equidad, Honestidad, compromiso con la verdad, Humanismo, Responsabilidad decisoria e independencia y firmeza de criterios no había dudas.

Con mucha destreza el joven abogado supo combinar las distintas ramas del Derecho y la Historia para evidenciar e ilustrar aquello que no se quería dejar ver. Destruyó cada una de las mentiras expuestas durante el acto de juicio oral.

A pesar de ser sancionado a quince años de privación de libertad, la interrogante y la incredulidad colectiva en cuanto a la posibilidad de realización del programa que entrañaba el alegato de Fidel el 16 de octubre de 1953 no alcanzó a sus compañeros.

Con la frase "Condenadme, no importa, La Historia me absolverá" culminaba el juicio estrecho de un grupo de hombres y comenzaba el de la historia, cuya sentencia ha proclamado la virtud de aquel reo y sus compañeros. La justicia daría como premio a este grupo la Revolución triunfante seis años después, evidenciando que todos aquellos que dudaron no eran más que siervos a gusto

Aquella mañana de octubre culminó el ciclo del Moncada, la semilla de la Revolución germinaba por primera vez en un instrumento teórico capaz de nuclear a un pueblo y armarlo para conquistar la victoria arrebatada a los cubanos por varias generaciones que precedieron a la del centenario de Martí

Capítulo III: Del Moncada al Sistema Revolucionario de Enseñanza Universitaria.

"somos cubanos, y ser cubanos implica un deber, no cumplirlo es crimen y es traición. Vivimos orgullosos de la historia de nuestra patria; la aprendimos en nuestra escuela y hemos crecido oyendo hablar de libertad de justicia y de derecho... se nos enseñó que para la educación de los ciudadanos en la patria libre, escribió el Apóstol en su libro de oro: "un hombre que se conforma con obedecer leyes injustas y permite que le pisen el país en que nació, los hombres que se lo maltratan, no es un hombre honrado... en el mundo ha de haber cierta cantidad de decoro como ha de haber cierta cantidad de luz. Cuando hay muchos hombres sin decoro, hay siempre otros que tienen en sí el decoro de muchos hombres....en esos hombres van miles de hombres, va un pueblo entero, va la dignidad humana"

Fidel Castro Ruz
Fragmento del
Alegato de defensa *"La Historia me   Absolverá"*

1-Función social del jurista en cuba; principios y Ética.

Nuestra actual Constitución nos refrenda textualmente en su preámbulo como "herederos y continuadores del trabajo creador y de las tradiciones de combatividad, firmeza, heroísmo y sacrificio forjadas por los integrantes de la vanguardia de la Generación del centenario del natalicio de Martí, que nutridos por su magisterio nos condujeron a la victoria revolucionaria popular de Enero de 1959". Con la "Historia me absolverá" se dejaba un legado para las nuevas generaciones de juristas traducido en la misión de transformar la triste realidad del poder judicial en un nuevo sistema exponente de los más sagrados principios y valores humanos y constructor de una sociedad más justa y equitativa.

La Profesión Jurídica *per se* posee un estatus especial en cuanto a exigencias morales se refiere. El ejercicio de la labor jurídica entraña el enfrentamiento a distintas situaciones conflictivas de carácter complejo que exigen activas búsquedas morales para su solución. El jurista por su proyección laboral se convierte en una personalidad social y comunitaria por cuanto participa con poder decisorio sobre los destinos de las demás personas, por ello debe poseer como fundamento moral: La honradez, la firmeza de principios y una adecuada conducta personal. Todo ello para garantizar que la labor profesional sea objetiva y ajustada a Derecho.

En consecuencia la Ética Jurídica resulta una de las variantes de la Ética Profesional y debe ser interpretada como la doctrina ética que se ocupa del estudio de los valores, principios y normas morales que caracterizan el trabajo jurídico y demás actividades relacionadas con este. La moral del jurista como todo fenómeno de entidad ética se encuentra en permanente desarrollo, profundización y perfeccionamiento.

De esta manera se habla en la doctrina de un conjunto de valores y principios llamados a ser los valores instrumentales de primera generación del quehacer jurídico entre los cuales encontramos: Equidad, Honestidad, Compromiso con la verdad, Humanismo, Responsabilidad decisoria e independencia y Firmeza de criterios; de los cuales se derivan otros como La honradez, probidad, decoro, imparcialidad, lealtad a la ley, objetividad, ponderación, perseverancia, meticulosidad, fidelidad a la verdad, tenacidad, respeto hacia los demás, seguridad en sí mismo, conciencia de sus obligaciones profesionales, firmeza de convicciones etc.[18]., estos valores derivados conforman a su vez los conocidos como los valores instrumentales de segunda generación. Resultaría entonces la proyección de la conjunción de estos valores lo que podría completar la ideología del jurista, destacando que la ideología debe ser examinada ante todo como un fenómeno social de masas, y no como un asunto de especialistas.

La grandeza del informe "La Historia me Absolverá" se debe en parte a la conjunción de principios y valores éticos que en él se exponen. La transparencia de las ideas y el profundo sentido político e ideológico de ese informe

---

[18] Rodríguez González Marta. 2OO1."los valores éticos profesionales del jurista en la sociedad cubana actual". Revista Cubana de Derecho. No 17 Pág.5O

quedaron como legado y enseñanza para todos los operadores del derecho que en la posteridad han contribuido a la consolidación de la Revolución. En otras palabras, devino en una lección magistral de Derecho y ética, y en un medio idóneo de enseñanza y estudio de las ciencias jurídicas para las futuras generaciones. Aspecto que abordaremos en los siguientes epígrafes.

2-La enseñanza de la Criminalística y la formación de valores

La Universidad cubana, que durante muchos años fue centro de valerosas acciones de rebeldía estudiantil, no logró al triunfo de la Revolución romper sus moldes tradicionales exigidos sobre la base de la vieja concepción en la enseñanza universitaria. Por ello la Revolución emprende una gran tarea que se materializa en dos etapas: primero llevar el pueblo a la Universidad y segundo llevar la UNIVERSIDAD AL PUEBLO. Para lograr el primer objetivo fue necesario destruir las barreras que no permitían la entrada del pueblo a la Universidad, mientras que el segundo objetivo se logra esclareciendo el lugar que ocupa la alta casa de estudios en el desarrollo económico y social de la nación y el territorio.

El proceso de formación de juristas es uno de los primeros llamados a reformarse desde los iniciales momentos del triunfo de nuestra Revolución. La concepción de ese nuevo jurista solo es comprensible a través de un proceso de formación que tiene distintas dimensiones y funciones. Entre ellas se destaca la *dimensión institucional*, dentro de la cual se desarrolla el proceso docente educativo que de modo sistémico se dirige a la formación social de las nuevas generaciones y en el cual el estudiante se instruye, desarrolla y educa.

Es en este sentido que se habla de los *actores del proceso docente educativo*, por una parte los educadores o formadores y por otra parte los educandos o formandos. Entre ambas partes siempre se establecen relaciones de dependencia y comunicación, el maestro transmite conocimientos y enseña mientras que el alumno recibe conocimientos y aprende. Por su parte El maestro cada una de estas actividades las organiza sobre la base de objetivos que persigue y contenidos que transmite.

Los objetivos expresan el modelo pedagógico, o sea, las aspiraciones y propósitos que la sociedad pretende formar en las nuevas generaciones. *El contenido* es, en cambio, la categoría didáctica que expresa aquella parte de cultura o ramas del saber que el estudiante debe dominar para alcanzar los objetivos. En ese sentido *los medios* serán aquellos instrumentos empleados por el pedagogo para hacer mas fácil la materialización de su objetivo.

En nuestras facultades de Derecho una de las asignaturas fundamentales lo constituye "Criminalística". Dado su carácter práctico, en ocasiones le resulta de gran dificultad al profesor ilustrar al estudiante de una situación o institución determinada propia de la materia, impidiendo ello el cumplimiento de los objetivos trazados. En estos casos se incide muchas veces por la falta de medios idóneos o por desconocimientos de los actores del proceso educativo correspondiente, de determinados sucesos históricos que posibilitarían una mejor formación de valores del educando conforme a los objetivos de la disciplina. Constituye por eso una propuesta del presente trabajo, el estudio de "La historia me absolverá".

La disciplina de "Criminalística" contribuye en la formación de juristas a Desarrollar capacidades para analizar críticamente los conceptos fundamentales del Derecho Procesal Penal y de la teoría de los actos procesales; así como de los distintos procedimientos especiales, y la práctica jurídica a través del tema de la prueba y su valoración. También contribuye a que los estudiantes adquieran, desarrollen y valoren el basamento doctrinal e histórico-político de las diferentes instituciones que conforman la teoría Criminalística en nuestro país, al tiempo que puedan dirigir, orientar y realizar comprensivamente los diversos actos procesales que integran el proceso penal en sus distintos momentos en la práctica judicial. Debe ser también uno de los objetivos de la disciplina en nuestras universidades la formación y/o consolidación de valores en nuestros formandos, tales como: Equidad, Honestidad, compromiso con la verdad, Humanismo, responsabilidad decisoria, independencia y firmeza de criterios, probidad, decoro, imparcialidad, lealtad a la ley, objetividad, ponderación, perseverancia, meticulosidad, fidelidad a la verdad, tenacidad, respeto hacia los demás, seguridad en sí mismo, conciencia de sus obligaciones profesionales, firmeza de convicciones, entre otros. Dado que es esta una de las disciplinas donde más se aprende sobre la difícil tarea de juzgar y resulta portentoso cómo actualmente son pocas las universidades que en el programa analítico de esta disciplina incluyen la formación de estos valores como objetivos fundamentales. La formación de valores, como parte del trabajo educativo, debe ir de la mano con el trabajo instructivo y constituye ello una exigencia de nuestro modelo educativo socialista. Soy del criterio que actualmente además de ir de la mano, el trabajo educativo debe sobrepasar la instrucción de la Criminalística en nuestras aulas y llegar hasta el terreno práctico donde se desenvuelve esta ciencia. La formación de valores debe constituir para nuestros educadores en las facultades de Derecho una prioridad.

3-Alegato de Fidel "la Historia me Absolverá" y su trascendencia para la enseñanza de la Criminalística.

La Historia me Absolverá" no solo tiene valor como documento histórico de relevancia política. En el ámbito pedagógico lo tiene también como medio de enseñanza. Constituye una ilustración detallada de la estructura del ordenamiento jurídico de un Estado, partiendo de la clásica tripartición de poderes del Estado y del papel cimero de la Carta Magna. Refleja claramente las distintas relaciones que deben existir entre estos poderes y sus órganos fundamentales. En este texto se define también que debe en esencia regular una constitución y cual es el verdadero concepto de pueblo y la función social del derecho para con ese pueblo.

En cuanto a las ciencias penales y específicamente la Criminalística, establece un análisis crítico a las partes del proceso penal y los sujetos que intervienen en un proceso al subestimar y rescindir en ocasiones de la presencia del perito y el valor de sus aportes en el proceso penal. Aborda el papel político y jurídico del Ministerio Fiscal y del órgano jurisdiccional que conoce de la causa y de los órganos de investigación militar. Realmente puede apreciarse este documento como una perfecta ilustración de supuestos de violación de los principios rectores del proceso penal y esencialmente del acto de juicio oral conforme a la valoración y objetividad de los medios de prueba.

Aunque no abunda mucho sobre la práctica de las pruebas, este informe hace sobre todo, un llamado a la observancia y estudio de valores éticos y políticos necesarios para la formación de las nuevas generaciones de juristas y otros relacionados con la operación del derecho que formarán parte de una nueva sociedad tras el triunfo revolucionario.

Si realizamos un estudio detallado del plan analítico de la asignatura "Criminalística" en las Facultades de Derecho de las universidades cubanas podemos comprobar de que realmente el alegato de defensa "La Historia me absolverá" constituye un medio idóneo para el cumplimiento de cada uno de los objetivos correspondiente a cada tema respecto a la formación de valores a que tanto llama en la actualidad nuestras máximas autoridades política. Y de seguro los formandos comprenderán, cada vez más, su compromiso con su pueblo, la justicia y la Revolución.

Conclusiones

Luego de un análisis del alegato de autodefensa de Fidel Castro Ruz "La Historia me Absolverá podemos llegar a 3 conclusiones fundamentales:

- El peritaje criminalístico fue una necesidad latente en el proceso penal seguido contra los asaltantes al cuartel Moncada que pudo esclarecer muchos aspectos debatidos y consolidar la vigencia de principios como el de correlación entre imputación y sentencia y celeridad, entre otros

- Este informe hace, sobre todo, un llamado a la observancia y estudio de valores éticos y políticos necesarios para la formación de las nuevas generaciones de juristas y otros relacionados con la operación del derecho que formarán parte de una nueva sociedad tras el triunfo revolucionario.

- "La Historia me Absolverá" al Abordar el papel político y jurídico de las partes del proceso penal y los sujetos que intervienen en un proceso así como la estructura del proceso, alto contenido político y ético y otras consideraciones teóricas se convierte en un medio idóneo y de referencia obligatoria para la enseñanza de la Criminalística en Cuba.

Recomendaciones

- Que se incentive en los estudiantes de Criminalística el estudio e investigación en el presente tema.

- Se perfeccionen las prácticas jurídicas preprofesionales estableciendo prácticas de los estudiantes de derecho en los centros de enseñanza y operaciones criminalísticas.

- Se incluya en el sistema de conocimiento de la asignatura un tema dedicado a la historia de la Criminalística en Cuba y sirva el presente tema como un medio idóneo para los objetivos a vencer.

- Que los investigadores escriban más sobre la temática Criminalística relacionada con otros importantes documentos de la Historia de Cuba en aras de contribuir a la formación política ideológica desde el quehacer pedagógico.

Bibliografía

- Lozano Merino Raúl (enero-junio 2OO3). "La formación ética del abogado en el sigloXXI".Revista Cubana de Derecho, Pág.1O6.

- Gonzáles Rodríguez Marta. (enero-junio 2OO1). "Los valores éticos profesionales del jurista en la sociedad cubana actual" .Revista Cubana de Derecho, Pág. 5O

- (enero-junio 2OOO)."código de ética". Revista Cubana de Derecho, Pág.79.

- Limia David Miguel. 2OO2. "La ideología de la Revolución cubana" .Ciudad de la Habana. Editorial pueblo y Educación.

- Báez Luis. 2OO2. "Absuelto por la historia (fragmentos)". Ciudad de la Habana. Editorial pueblo y Educación.

- Dirección política de las FAR: Ob. cit., pp.65, 66 y 67.

- R. Rojas Marta.196O.Moncada I. (1ra Serie). La Habana. Editorial Tierra Nueva.

- R. Rojas Marta.196O.Moncada II. (2ra Serie). La Habana. Editorial Tierra Nueva.

- R. Rojas Marta.1964. "La Generación del Centenario en el Moncada"). La Habana. Ediciones R

- Colectivo de Autores. (2OO2)."Temas para el Estudio de Derecho procesal penal I".La Habana. Editorial Félix Varela.

- Colectivo de Autores. (2OO2)."Temas para el Estudio de Derecho procesal penal II".La Habana. Editorial Félix Varela.

- Le Riverend Julio. (1974). "Historia de Cuba 6". La Habana. Editorial pueblo y educación.

- Almaguer Samper Jorge Elías (2OO4). "el principio de igualdad en la fase preparatoria del proceso penal cubano. Especialista en Derecho Penal. Facultad de Derecho Universidad de la Habana

- Sosa Hernández Héctor Fidel. noviembre del 2003. "el principio de presunción de inocencia en el proceso penal".tesis especialidad en derecho penal. Noviembre del 2003

www.ingramcontent.com/pod-product-compliance
Lightning Source LLC
Chambersburg PA
CBHW071128280526
45787CB00003B/1211